Lua na jaula

Ledusha Spinardi

Lua na jaula

todavia

aos vinte um acinte
aos trinta um açoite
aos quarenta — é noite?
aos cinquenta o requinte
aos sessenta arrebenta:
que só vero ouro tilinte

a palavra velhaca rasteja
silvo mais sem sal o dela
ao sentir-se indesejada

bífida língua revela
depois da picada banguela
(suas presas são balela)

aprendi a recusá-la
baixar sua crista
          — à bala

pátina a esfolar as unhas
círculo de dor a ser rompido

estampa que não reconheço na sequência de reflexos
quando caminho pelas tardes amorfas e mudas

este ciclo não me desperta revolta
(ou fascínio romântico por sua vigília sem curvas)

lua de titânio colmeia de estrelas
dedos de glória e fracasso

há riso de escravos meninos
na lavoura da minha poesia

agora

ler dostoiévski
faz doer também
seus olhos

o dia tropeça na montanha
colho seus gemidos na luz de osso
(o que não rende bons poemas)

que fosse um
daqueles molhados
olhos arregalados
(de peixe)
um único poema
que fosse/
               relâmpago
e afiaria o desejo
na lâmina de suas escamas luzidias

antes da balbúrdia engolir as ruas caminho
conto as janelas fechadas — perdem algo os que ainda dormem
a sonhar manjares ruínas mares de safira lagartixas?
no rosto mantenho o esboço de sorriso que aprendi com o patife
que nem budista era
a mente tagarela recorta ideias sucessivas para pregá-las no ar
— pluf! — não sei se são "ideias" tudo que medra na mente
Rocamadour bebê Rocamadour bebê bebê Paris é pequena
para os que se amam Rayuela é Les enfants du paradis quisera
Baptiste e a Maga Oliveira e Garance numa espécie de *swing* refinado
quisera parar de pensar
saber o que os minutos não contam
terminar um caso de amor um poema

rubber soul

agora que envelheço e os músculos da face
ameaçam meu talento
para o assobio
aflora tal percepção do ocaso
que assisto siderada ao fim do fôlego de uma gota
na brancura da pia como àquela ária
com que a Callas suprimiu o meu
que mal conhece ópera
já tive medo de padres e sinos
nunca de tempestades
riso de olhos asas de lágrimas pernas de corisco
Bandeira marcado à brasa era toda ouvidos
rabiscos construíram também o que não sou

agora que envelheço
(falo de dentro como quem olha de fora)
meu desconforto isento de recato
estende-se onde bem quer

ei-lo

água e ar à míngua
sangradas todas as línguas
a baba de babel sobrevive
— naufrágio do *bateau ivre*!
o que fora *joie de vivre*
é júbilo moribundo
antigozo pornotrágico
o escuro cru do mundo

ali onde a ausência
habita
um tigre assobia
e levita

aqui onde a sombra
hesita
um sol se desvia
e crepita

os repentes do tempo/ a ponte do tempo/ o descaro do tempo
os suspensórios do tempo/ a estratégia do tempo/ os fiapos
do tempo/ as turbinas do tempo/ a astúcia do tempo/
as vírgulas do tempo/ os gritos do tempo/ o viés do tempo/
a viração do tempo/ o elástico do tempo/ o enigma do
tempo/ o preço do tempo:
ilusão

por aqui pássaros enferrujam
nas manhãs mais úmidas
permanecem travados no ar
como olhos de susto no escuro
ao entardecer as montanhas suspiram
revirando os olhos

para deuses futricas e fricotes
as vidraças embaçam

já é outubro e há pitangas espalhadas pelas calçadas
como em um setembro na praia de santiago
subvertiam o enfado bege da areia
passo ao largo apesar do tempo que sobra
como se não me tocasse a lábia argúcia da morte
o desejo de mergulhar no sabor rubro dos gomos
rendida à lembrança de uma gravata escura
estampada com balões da mesma cor
(das pitangas)
que me sopra sempre sempre sempre pra longe
(a vida é um vento)

deu praia

aves gorjeiam
lieds
on my mind

foi para não sabe onde
e talvez não tenha voltado
desse onde
para o qual na real
não tem certeza
se foi

carregar pedra

dear

se estiver duro sem capa ou guarda-chuva
proteja meu *diário de inverno* sob a camisa
tome um rabo de galo depois uma cerveja
de pé na porta daquele boteco da placa banguela
enquanto a chuva estala no asfalto
a exalar o morno odor que tomará a noite
só depois mergulhe no escuro
prontinho pra ver o *adieu au langage*

desbaratou num átimo
as palavras do guru
coberto de grifes
suor e cafonices
aboliu ranço e bagagem
até o mais extremo nu
saiu da barriga da baleia
cantarolando babalu

desenha
desenha
desenha
sentada na soleira da cozinha
ondas gaivotas revoltas nuvens gordotas
no papel de pão cinza-claro que a mãe lhe reserva
no quintal abelhas fervem em torno dos mamões maduros
pendurados ao tronco à espera dos pássaros
a modorra dos gatos espichados no cimento
desconsola ainda mais os latidos longínquos
nas cidades de interior a luz cruel encrespa e encarde
mormaço ruínas remorsos imóveis

a violência latente do atraso ultrajou sua infância

dor

só quem não cabe
sabe

quem te fala

fogo de bárbaros
forma ritmo fragmento
totalidade
mais atrito que transe
pálpebra sem cílios
bosque de fogo e ossos
modos acintosos
de não existir

eterna como um quando
retira os brincos
deita-se na pedra
espreita céus possíveis
o silêncio dos navios
esquece seu nome

aqui não há

(lâmina a se afiar
eternamente
no mar)

horizonte

quando morri
chisparam dos meus tímpanos a turba e seus ecos mofados
ao renascer meus filhos vieram comigo
houve gandaia de pássaros, árvores e dos bichos todos
os astros faiscavam aloprados a lua em brincos de argola
para a gala da noite
o universo a dar cambalhotas de júbilo

zero de conduta

flerta comigo certa fúria
ao ver a língua a alisar brocados
tiques burgueses
tatibitates
vagos orvalhos que me ofendem
luta sem volutas
ou consequências graves
deste fluxo de ritmos
conheço músculos e achaques
em minha lírica deslavada
cabem salseiro e porrada

há uma paisagem de conchas
oculta na fotografia barata
pendurada ao lado da janela
de onde meus olhos assobiam a cidade
flor de estilhaços
passos de lagarto no deserto
sol em sangue quase
às vezes escapam gemidos dos bueiros
— tremulam bandeiras por isso?
poesia se rasga e salta de lugar nenhum

i don't know if i love my daddy

sopro para Sylvia
e mais ninguém do ramo
preciso me livrar da náusea
que me causa o medo
deste ser estranho
que não sei se invejo
desprezo
ou amo

incógnita

aquém
do que vidros evitam
ou levitará
além?

imaginar
a febre discretamente furiosa do Príncipe
ao escrever Carta a Stalingrado;
o que derrapou na mente de Torquato
um minuto antes do gás absorvê-lo por completo;
Emily Dickinson de avental com babados
em sua labuta maciça paralela à ourivesaria;
Bandeira em ébrios passinhos de foxtrote
louvando o próprio eco no beco da madrugada;
as asas de lava de Ana Cristina zumbindo no ar
e se espalhando sobre as ruínas de Copacabana;
a desolação infantil de Oswald diante da peçonha
acadêmica que não engoliu sua verve ensolarada;
o teor de cólera no suor de Hilda toureando
com o que nos habituamos a chamar vulgarmente
eternidade

iniciação

meninas atrevidas geram vidas breves
disse a obstetra de batom borrado
fálica como um rifle
na eternidade em que fiquei ali
torcendo os punhos do pulôver

minha adorável wislawa
venho agradecer a manta de estrelas
seus poemas que me envolvem
me fornecem a mesma alegria inebriante do vinho
e amigos notívagos de sensibilidade e humor solares
também me angustiam
desde que atolei num deserto sem sombra nenhuma
de poesia
estado d'alma que você certamente conheceu
mas sempre tirou de letra
o que se deduz da sua obra vigorosa

minha adorável wislawa
tão saboroso divagar sobre seus versos
mas um passarinho pousou no telhado vizinho
e sendo tão dispersiva desculpe o brusco desvio –
passei a observar seus minuciosos movimentos
fugindo-me assim o prumo para seguir esta carta

relevante era lhe agradecer
e o prazer de escrever "minha adorável wislawa"
como se uma amizade próxima entre nós houvesse
ou partilhássemos algo além do signo de caranguejo
e muito bem guardadas as proporções o ofício da poesia
o que fiz como quem come um pêssego carnudo
melhor: suculento
esta palavra que estala em minha língua

minha infância

foi um nó
na garganta

margens do rio

o ar ardia nas narinas
pisava descalça os paralelepípedos do humaitá
um sol de vespas nas asas pendendo pesadas
subia em calma aparente como quem fareja desastres
as flores rescendiam insensatas na curva dos muros
longe do mar podia adivinhar seu arfar rancoroso
doía a beleza a brisa distraída
o mundo todo doía

dias pares

frio de espelhos céu pronto para o mergulho
aurora de romãs abertas quase maduras
lágrimas fáceis caso precise mais leveza
o tempo esticado na ponta dos dedos
assobia

o que ficou

asas de cristal trincado
coladas com tímida mágoa
e alguma doçura

predador

havia um navio antediluviano
um baque
sirenes descabeladas
sangue de virgens
um amor descalço
em suas retinas

pronta

para apagar
o que escreve

quase êxtase

abrir a palavra
olhar sem pudor suas vísceras
provocar seu leite lunático
assistir ao pulsar do sangue em chispas
acolher sua natureza indigesta

quem dera um pássaro passasse rente
e anunciasse
um inverno ambivalente

quem dera blusa branca de cambraia
saia estampada de tigres e papoulas
me vestissem
                augúrios do ouro de sete argolas no braço

quem dera um horizonte houvesse
e a alma despisse pela grama toda tralha

raio

quando me vejo com rasos
havendo azo
uso asas
(às vezes rosas)
 e vazo

entro em casa livre das sandálias, faz calor de novo,
oh glória! as portas batem, ocioso é o vento.
esqueci no táxi os ramos de sálvia, mudarei a receita.
passo tanto tempo sozinha calada que ando por aí
a esquecer também palavras.
o vocabulário emagrece, eu engordo
e a poesia ao sentir o perigo só assobia.
aprendo com a língua a acariciar o incomunicável
no oco da boca
e me espreita o medo de que por fim a poesia me esqueça.
a memória das ilhas coladas no horizonte
cria um vento precioso
quando os dias confundem meu endereço
e verso nenhum me visita.

as curvas do vento lançam fagulhas de chuva na vidraça
nascem com fúria das nuvens há pouco sonolentas
a vida se apresenta imprevisível porém palpável
e é do breu profundo que respondo à esta graça
na estação mais brumal espreito seu veludo
e nela mesma a claridade que estilhaça

escolha

perder a cabeça
como se perdem guarda-chuvas

nunca perder a cabeça

uma cabeça-bumerangue
não ter cabeça a perder

as amendoeiras esgotam sua exuberância muda
e acharia graça em seu esforço para se mostrarem firmes
não fosse tão propensa a abalos
antenas redundantemente atentas
o modo poroso a algaravias
se em meu peito abrigasse outro ofício
ou vender meu peixe bastasse

singelo

de riso
e festa besta
basta

teço e desteço tal e qual aquela
e permaneço
nesta ítaca de nuncas
surda às naves de rapina
atenta ponto por ponto
o teor do meu tear
não desatina

onde

estampa de quintal desalinhado
soluços de musgo abafados
conta-gotas latas pedaços de arame
fetos de sabe-se lá que plantas
faces de tábua ressecadas pregos retorcidos
origamis de tempo
a clamar por uma existência de pétala

todo seu poder de ser e desistir encontra-se ali
na faísca do gume de um caco de vidro verde
no crepitar das rodas de um triciclo manco
sobre folhas e gravetos atemporais
o sol um olho de cristal sangrado
roído pelas marés

viva la muerte

não desci das sandálias porque eram rasteiras
como a vizinha de fila e seu perfume infame
dizendo alto à moça envergonhada do caixa
acabar com mendigos marginais esses vândalos
é a única saída
só atrapalham o trânsito é a ameaça comunista
orgulhosa de seu carrinho puro-sangue
bandejas de todo tipo de carne impecavelmente empilhadas
pós ataque afoito ao açougue de odor suspeito do mercado
de resto pão de fôrma embutidos doces miojo refris e cheetos
para as crianças comerem quietinhas

zangão que zune
sem ziguezague
ou vacilo de pálpebras
risco nenhum
barato chato
comum
tesão não lhe tenho
nem vontade
nem saudade
gosto algum

prefiro rum

visita-me a agulha cega
que é de rapina não nega
em fala surda e fanhosa
faz perguntas ardilosas
sua glória é ser tinhosa

— nunca me visse angulosa!
já fiz pó de pingo d'água
transformei poesia em prosa
não vai querer que lhe trate
a mel, madeleines e rosas...

noite sem quinas
nenhuma ânsia de extremos
surda para falas fálicas
e outros drenos
aqui o arfar é manso
aqui os braços são remos
liquefez-se o dia infausto
e foi-se em passos pequenos
a vida sem escarcéus
é o trunfo aprazível que temos

as folhas que persistem na amoreira se eriçam
ao assobio deste outono dado a rodopios
na leveza do vento busco alguma paz
a flor de ouro

palavras que fogem
rimas e injúrias que hibernam

queria nem ligar mas ligo

brusco desligam um rádio nas redondezas
fica no ar a música que tocava
desapontada cara de bocó
como a galinha cativa
do círculo simulado na terra
dão uma pena encardida
essas canções interrompidas

quanto mais no centro
dessa flor-cimento
mais aflora
o que vibra aquém
do pentimento
e chora
vontade de vento
dura doce dor
não é lamento
nem asa sem sustento
tudo pode ser voar

o sono empresta suas rosas frescas
às minhas dúvidas febris
livra-me das culpas que se tornaram lastros
devolve em quietude meus azuis

o lodo só o lótus louva
luto o vento não leva
do limbo só a luz nos livra
lutas injustas nem o sangue lava

talentos

trampolim bicicleta bilboquê

piano desenho maquiagem

bambolê subir em árvores

dar apelidos imitar pessoas

assobiar cuidar de bicho

atravessar paredes

conversar com elas

o que fazer

estancar o fluxo dos despedaçamentos
fartar-se no leite dos mistérios

vazia de razão como as asas de uma abelha
nada espera
vidraça em festa após dia de faxina
assim esplende em presença e desejo
no bolso a memória do voo no trampolim
sobre a piscina faminta

calada descobri como é ser nada
despida estar à toa em minha ilha
vestida o banho em cascata de calha
o gosto do sublime ao ficar muda

tarde descobri como sou tímida

oh linguagem vil
oh pensamento precário
oh sonho putrefato
oh frutos do limite

capa
Daniel Kondo
preparação
Valquíria Della Pozza
revisão
Huendel Viana
Livia Azevedo Lima

Dados Internacionais de Catalogação na Publicação (CIP)

——

Spinardi, Ledusha (1953-)
Lua na jaula: Ledusha Spinardi
São Paulo: Todavia, 1ª ed., 2018
128 páginas

ISBN 978-85-88808-15-7

1. Poesia brasileira 2. Poesia contemporânea
I. Título

CDD 869.1

——

Índice para catálogo sistemático:
1. Poesia brasileira: Poesia contemporânea 869.1

todavia
Rua Luís Anhaia, 44
05433.020 São Paulo SP
T. 55 11. 3094 0500
www.todavialivros.com.br

fonte
Register*
papel
Munken print cream
80 g/m²
impressão
Geográfica